El Dhammapada
El camino de la verdad

TEZONTLE

El Dhammapada
El camino de la verdad

Versión de Alberto Blanco

Fotografías de Pepe Navarro

FONDO DE CULTURA ECONÓMICA

Primera edición (Col. Fondo 2000), 1997
Primera edición FCE España,   1998
Segunda edición,   2004
    Segunda reimpresión,   2013

El Dhammapada. El camino de la verdad / versión de Alberto Blanco ; fotos de
Pepe Navarro. — 2ª ed. — México : FCE, 2004
    175 p. : fots. ; 21 × 14 cm — (Colec. Tezontle)
    ISBN 978-968-16-7273-7

    1. Budismo 2. Religión 3. Filosofía I. Blanco, Alberto, versión. II. Navarro, Pepe,
fots. III. Ser.

LC BQ 1372.   Dewey 294.3 D377

Distribución mundial

D. R. © 2004, Fondo de Cultura Económica
Carretera Picacho-Ajusco, 227; 14738 México, D. F.
www.fondodeculturaeconomica.com
Empresa certificada ISO 9001:2008

Diseño: R/4, Pablo Rulfo

Comentarios: editorial@fondodeculturaeconomica.com
Tel.: (55)5227-4672. Fax: (55)5227-4694

ISBN 978-968-16-7273-7

Impreso en México • *Printed in Mexico*

El camino de la verdad

Tras el vivir y el soñar,
está lo que más importa:
despertar.

ANTONIO MACHADO

CUANDO EL BUDA OBTUVO al fin su iluminación meditando sin pausa al pie del árbol Bodhi —dice la leyenda— permaneció inmóvil, absorto, absolutamente atento por siete días. Al cabo de este tiempo se puso de pie, dio siete pasos atrás y permaneció allí observando durante otros siete días el sitio de su iluminación. Luego dedicó otros siete días más al ir y venir entre estos dos puntos: uno que simboliza la experiencia de lo absoluto, y otro, la de lo relativo. Acto seguido se volvió a sentar por siete días más, y durante este periodo revisó en detalle, libro por libro, las enseñanzas de lo que después vendría a ser el *Abhidhamma Pitaka*. Luego, por siete días más meditó en la doctrina y en la dulzura del Nirvana y, de acuerdo con algunos libros, fue justamente en este momento cuando el Buda fue tentado por las terribles hijas de Mara. Después de resistir la tentación, y contando con la protección de la serpiente Mucalinda, logró soportar durante siete días una espantosa tormenta. Hasta que finalmente el Buda se pudo sentar en la más absoluta paz por siete días.[1] Al cabo de esta ardua tarea

1. Ananda Coomaraswamy, *Buddha and the Gospel of Buddhism,* Nueva Jersey, Citadel Press, 1988, p. 36.

exclamó:

> ¡Cuántas veces he vivido
> sin conocer al hacedor de este cuerpo!
> ¡Cuántas veces he nacido para buscarlo!
> Es doloroso volver a nacer...

> Pero ahora te he visto, ¡oh Hacedor!
> Todos los deseos se han apagado:
> la sabiduría ha sido concedida.
> No construirás este cuerpo otra vez.

Era el Buda en todo su esplendor. Despierto en lo absoluto. Iluminado para siempre. Sin embargo, una voz en su interior no cesaba de repetir:

> ¿Para qué revelar esta verdad?
> El necio y el egoísta no la van a entender;
> es demasiado profunda, inexplicable...
> Esto no se puede enseñar...[2]

Y dicen las leyendas que los dioses le suplicaron que tuviera compasión y que enseñara la doctrina. Brahma mismo (no olvidar que al igual que el cristianismo se desplantó del judaísmo, el budismo hizo otro tanto a partir del hinduismo), como Dios tutelar del pasado, se hizo presente y le dijo: "¡Por favor enseña!"

Y el Buda, después de vencer sus dudas, dijo: "Sí, voy a enseñar, pero no la sabiduría, no la naturaleza búdica —que en verdad no puede ser enseñada—; lo

2. P. Lal, *The Buddha: His Life and his Teaching*, Nueva York, Farrar & Giroux, 1978, pp. 12 y 13.

que voy a hacer es mostrar a los hombres el camino hacia esta naturaleza búdica, el camino de la verdad". Esto es, en muy pocas palabras, el budismo: el camino hacia la propia naturaleza. Mejor aún: el *vehículo* para recorrer este camino. Y recordemos, de paso, que un vehículo sólo sirve allí donde hay camino.

Sin embargo, como sucede más temprano que tarde con todas las empresas humanas, pronto comenzaron los desacuerdos entre los discípulos del Buda que interpretaban de diversas, extrañas y hasta contradictorias maneras sus enseñanzas. Así, lo que en un principio fueron sólo diferencias de matiz terminó, con el tiempo, por generar una serie de escuelas:

> Para el conocedor del budismo todas ellas se agrupan en dos grandes orientaciones principales; concretamente, la *Hinayana*, que significa "vehículo pequeño" y la *Mahayana*, que significa "vehículo grande". Estas escuelas son llamadas así porque transportan al hombre a través del océano del sufrimiento hasta la liberación. Las escuelas del "vehículo pequeño" están especialmente difundidas en Ceilán, Birmania y Tailandia; por este motivo se les llama generalmente *Escuelas meridionales*. Las escuelas del "vehículo grande", extendidas por China, Tíbet, Mongolia, Corea y Japón, son llamadas *Escuelas septentrionales*...[3]

Retomemos ahora la idea del budismo como vehículo. Tal vez la mejor manera de explicar con sencillez y claridad en qué consiste la diferencia principal entre la

3. Stephan Pálos, *Las enseñanzas de Buda*, Barcelona, Bruguera, 1972, p. 31.

doctrina de El Pequeño Vehículo y la de El Gran Vehículo sería repetir aquí el relato que, en cierta ocasión, le escuchara al gran filósofo de la mitología y las religiones Joseph Campbell. En aquella conferencia —palabras más, palabras menos— Campbell platicó acerca de un viaje que hizo con un amigo suyo en un transbordador que iba de Manhattan a Jersey. Él y su amigo estaban hartos ya de Manhattan: el ruido, la contaminación, la ferocidad del tráfico, la competencia despiadada, las agresiones, etc. Mirando con esperanza hacia el oeste, sobre las aguas del río Hudson, deseaban ardientemente salir de allí e ir a Jersey.

En esto estaban, en la orilla de la isla, cuando de pronto ven, entre la bruma —como en un sueño, como si fuera una ilusión—, que zarpa un transbordador desde la otra orilla, desde la costa dorada de Jersey, y se acerca justamente hacia donde ellos se encuentran. En el transbordador viene un hombre que dice:

—¿No hay nadie que quiera ir a Jersey?

—Pero si es exactamente adonde queremos ir —contestan los amigos.

—Muy bien. Sólo que hay una condición —replica el barquero.

—¿Qué condición? —preguntan ellos.

—¡No hay regreso!

Y esto es precisamente lo que representa —en la moderna alegoría de Joseph Campbell— el Pequeño Vehículo, el budismo *Hinayana*: una vez emprendido el viaje, no hay regreso. El vehículo es pequeño y, en más de un sentido, incómodo, pero tan sólo los hombres y las mujeres que a través de la vida monástica renuncien al mundo podrán llegar a la otra orilla.

Y sigue el relato: los dos amigos montan el transbordador y se hacen a la mar. Pero el viaje resulta mucho más largo, tal vez, de lo que habían imaginado. Sin embargo, al poco tiempo se acostumbran a la vida en el agua —se han vuelto monjes— y llevan a cabo sus tareas: limpian la cubierta, lavan las máquinas, mantienen todo en orden y hasta se llegan a creer superiores a los tontos que han dejado detrás. Así, tras dos o tres o más encarnaciones, llegan a la costa de Jersey: la anhelada orilla de la no-dualidad. Ni esto ni aquello. Ni placer ni dolor. Ni pasado ni futuro. Ni tú ni yo. Como dice T. S. Eliot en el primero de los *Cuatro cuartetos,* "Burnt Norton":

En el punto inmóvil del mundo que gira.
Ni carne ni ausencia de carne; ni desde ni hacia;
en el punto inmóvil: allí está la danza,
y no la detención ni el movimiento.
Y no llamen fijeza
al sitio donde se unen pasado y futuro.
Ni ida ni vuelta, ni ascenso ni descenso.
De no ser por el punto, el punto inmóvil,
no habría danza, y sólo existe danza.
Sólo puedo decir: *allí* estuvimos,
no puedo decir dónde; tampoco cuánto tiempo,
porque sería situarlo en el tiempo.[4]

La realidad total, ni más allá del tiempo, ni fuera del tiempo; la realidad sin tiempo, absoluta, de la naturaleza búdica. Y continúa el relato: Ya estando allí —aquí— se les aparece Manhattan a lo lejos, con sus nubes de

4. T. S. Eliot, *Cuatro cuartetos,* traducción de José Emilio Pacheco, México, El Colegio Nacional y Fondo de Cultura Económica, 1989, p. 11.

mugre y el destello de los viejos edificios. Sienten pena, y algo en lo más íntimo de su corazón despierta y los impulsa poderosamente a volver. En el sentido figurado de esta parábola se trata de unos Bodisatvas: y aquí estamos hablando ya del budismo *Mahayana,* el Gran Vehículo. Para llegar al otro lado han renunciado a todo: familia, nombre, dinero, futuro. Han alcanzado la iluminación y, sin embargo, por una compasión trascendental deciden volver:

El Mahayana parecía *grande* por muchas razones, sobre todo por lo universalmente inclusivo de su simpatía, del vacío que enseñaba, y por la grandeza de la meta que predicaba, que no era otra que la misma naturaleza búdica. En su significado original, *Hinayana* es un término insultante, y sólo raras veces lo usaban los Mahayanas. Por lo general se referían a sus opositores como *Los discípulos.* En la actualidad la palabra *Hinayana* se puede emplear con fines descriptivos, al igual que, en la historia del arte, las palabras *barroco* o *rococó* son hoy en día términos descriptivos, aunque originalmente expresaban desaprobación del arte en cuestión.[5]

Sin embargo, hay que hacer notar que, en términos generales, el cisma entre estas dos escuelas no fue tan grave como en un principio pudiera parecer. La prueba está en que muchos monasterios albergan bajo un mismo techo a partidarios de ambos sistemas. Ciertamente las diferencias disminuían a medida que los devotos involu-

5. Edward Conze, *El budismo, su esencia y desarrollo*, México, Fondo de Cultura Económica, 1978, p. 165.

crados tenían mayor participación y conciencia, pues, después de todo, la meta que todas las sectas perseguían era la misma: acabar con el sufrimiento. Ya en el siglo VIII de nuestra era I-tsing relataba:

> Tanto los partidarios del Mahayana como los del Hinayana practican el mismo Vinaya, reconocen las mismas cinco categorías de faltas, y defienden las mismas cuatro verdades. Aquellos que adoran a los Bodisatvas y que leen los Sutras del *Mahayana* reciben el nombre de "mahayanistas"; los que no lo hacen los "hinayanistas".[6]

Es creencia común que inmediatamente después de la muerte de Buda, un consejo de 500 Arahats (adeptos, ascetas, sabios) se reunió para repetir las enseñanzas tal y como Ananda las recordaba. Ananda fue el primer discípulo de Buda —reconocido por su fe y devoción— que recitó sus enseñanzas después de la muerte de su maestro. No en balde había pasado veinte años junto a él como su asistente personal. Y así fue que se inició un proceso que, después de un largo periodo de incubación en la tradición oral, dio como resultado que el budismo en todas y cada una de sus modalidades —desde el austero recogimiento de los más pobres monasterios hasta la grandiosa manifestación de sus corrientes más conspicuas— comenzara a desarrollar una enorme cantidad de textos sagrados hacia el siglo I antes de Cristo.

Fueron los monjes y los discípulos quienes comenzaron a poner por escrito la doctrina del Buda tal como

---

6. Edward Conze, *ibid.*, p. 166.

recordaban haberla oído de su propia boca. En este sentido, lo que sucedió con las enseñanzas de Buda no fue muy distinto de lo que pasó con las de Cristo o —para el caso— con las de Sócrates, que tampoco escribió una palabra. Sólo que en el caso del budismo, pasó un poco más de tiempo antes de que aparecieran los primeros textos.

Buda no había dejado ningún documento escrito. En el transcurso del tiempo, sus enseñanzas fueron escritas en hojas de palma (de acuerdo con la costumbre hindú de aquel entonces) que luego se recogían en tres diferentes "cestos". De ahí proviene el nombre de las antiguas escrituras budistas de la lengua pali: Ti-Pitaka —y en el sánscrito de la India, Tri-Pitaka— que significa "tres canastas".[7]

Durante la época del rey Asoka (cuyo reinado duró desde el año 268 hasta el 232 a.C.) —que tras la sangrienta conquista del sur de la India donde perdieron la vida más de 100,00 personas se convirtió al budismo— las enseñazas del Buda se extendieron por toda la India y Ceilán y tuvieron la oportunidad de propagarse a zonas tan distantes como Siria, Egipto, Macedonia y hasta buena parte de Occidente. La llegada del budismo a China se produjo después, hacia los principios de la era cristiana; del año 355 data el primer edicto imperial chino que permitió la existencia de monjes budistas en su territorio. El budismo alcanzó su máxima difusión en China entre los siglos IV y VIII de nuestra era, pasando de allí a Japón. Hay que recordar que ya para entonces el

---

7. Stephan Pálos, *ibid.*, p. 30.

budismo se hallaba firmemente establecido en tierras de Birmania, Java y Sumatra.

La literatura canónica budista fue escrita, originalmente, en dos lenguas indoeuropeas muy estrechamente relacionadas: el pali y el sánscrito. Las escrituras en pali han sido conservadas en Ceilán (Sri Lanka), y las escrituras en sánscrito se han preservado casi en su totalidad a través de las traducciones al chino y al tibetano. Cabe mencionar que el canon budista fue escrito primeramente en lengua pali, en Ceilán, durante el reinado de Vattagamani, hacia el año 80 a. de C.

Lo que ha sobrevivido de las Escrituras se agrupa, hoy en día, en tres grandes colecciones:

1. El *Tipitaka* pali, que contiene los evangelios de la principal escuela Hinayana: los Theravadinos.
2. El *Tipitaka* chino, cuya composición está menos fija, y ha variado con el paso del tiempo.
3. El *Kanjur* y el *Tanjur* tibetanos.

Aunque fue aceptado en el Concilio de Asoka en el año 240 a. C., *El Dhammapada* no fue recogido por escrito sino varias generaciones después en Sri Lanka, pasando así a formar parte del *Tipitaka,* (tres *pitakas,* o canastas), es decir, parte del Canon Pali. El *Tipitaka* se divide, de acuerdo con la tradición, en "tres canastas":

1. *Vinaya,* que contiene los textos de las disciplinas monásticas.
2. *Sutta* (los Sutras), que son las sentencias y los discursos que constituyen el corazón de las enseñanzas.
3. *Abhidhammas,* que son las elaboraciones escolásticas.

El Dhammapada pertenece a la colección de *Sutras,* o discursos del Canon Pali, *Sutta Pitaka*, formando parte del *Khuddaka-Nikaya* o Colección Menor. El *Sutta Pitaka* es —tal como lo hace notar Carmen Dragonetti— "nuestra principal fuente para el conocimiento de la doctrina budista, e indudablemente la más interesante y valiosa". En términos generales se considera que la tradición *Hinayana* escrita en pali es más fiel en su interpretación original de las enseñanzas del Buda. Sin embargo —tal como lo reconoce Raymond van Over—, aunque "nuestro conocimiento del Budismo original proviene en su mayor parte de las escrituras Theravadinas, los más recientes hallazgos de los estudiosos del Budismo consideran que hay textos *Mahayana* tan antiguos como los de la Vieja Escuela de Sabiduría".[8]

No debemos olvidar que el Canon Budista no fue fijado en su forma punto menos que definitiva hasta el Concilio de Asoka, más de 200 años después de la muerte de Buda. Lo cual quiere decir que durante dos siglos la mayor parte de las enseñanzas budistas permanecieron en la tradición oral. El mismo Edward Conze, uno de los más ilustres estudiosos del budismo, lo reconoce así:

La producción literaria total de los budistas fue enorme. Pero sólo nos han llegado fragmentos. Por lo tanto, nuestra historia del budismo siempre deberá permanecer fragmentaria y tentativa. Durante unos 400 años la tradición sólo fue transmitida oralmente por escuelas de recitadores. Algunas características de las antiguas Escrituras claramente son las de la tradición oral, tales como las

8. Raymond van Over, *Eastern Mysticism,* vol. i: *The Near East and India*, Nueva York, Mentor New American Library, 1977, p. 202.

muchas repeticiones y una predilección por el verso y por las listas numéricas. Debido a esta preferencia por la transmisión oral, muchos de los documentos más antiguos se han perdido.[9]

El Dhammapada, uno de los textos más antiguos que se han conservado, participa de las características literarias expuestas por Conze. A las ya citadas habría que añadir el constante uso del paralelismo, uno de los recursos más antiguos de la poesía; lo que Coomaraswamy llama "el método dialéctico" en la presentación de los argumentos de Buda, que toma —al igual que en todos los Sutras— como punto de partida la posición mental de aquel que pregunta, y a quien responde siempre de una manera amigable y cortés; y —lo que resulta muy obvio— la brevedad.

Las limitaciones mnemotécnicas de los recitadores a lo largo de los años han trabajado a favor de una concisión en el texto que en mucho aumenta su belleza y su poder; han producido —por otra parte— variaciones sobre el original que la tradición ha aceptado. Y es que no hay que olvidar que la tolerancia es una de las virtudes cardinales del budismo: hubo aquí muy poco lugar para la persecución religiosa, las inquisiciones o las cruzadas. A estas características debemos agregar que en *El Dhammapada* el elemento sobrenatural es mucho mas reducido que en el resto del Canon Pali.

El Dhammapada, como ya lo hemos indicado, forma parte del *Khuddaka* y consta de 423 estrofas, la mayo-

9. Edward Conze, *ibid.*, p. 37.

ría de dos versos, o pares complementarios, repartidas en 26 capitulos. *El Dhammapada* es muy apreciado en los países budistas, en que ocupa en la vida religiosa del pueblo la misma posición importante que la *Bhagavad-Gita* en las regiones hinduistas. Muchas de las estrofas del *Dhammapada* expresan ideas que pertenecen al patrimonio común de la sabiduría de la India y que se encuentran también expresadas, en forma equivalente o en forma casi idéntica, en textos clásicos del hinduismo como el *Mahabharata*.[10]

El Dhammapada o Camino de la verdad, ha sido, a través de los siglos, uno de los textos más estudiados de la literatura budista. Ya desde su primera recopilación en el siglo III a. C., y su transcripción al idioma pali en el siglo I a.C., fue reconocido, en Oriente primero, y mucho más tarde en Occidente, como uno de los más grandes libros de sabiduría. Bástenos citar las palabras de Oldenberg: "Ha sido para el estudio del budismo una verdadera buena suerte el tener a su disposición, desde el comienzo, *El Dhammapada,* la más bella y rica de las recopilaciones de sentencias [...] es a esta recopilación que debe volver todo el que quiera llegar a comprender el alma interior del budismo". Andre Bareau lo llama: "joya de la literatura budista". Keith dice: "En *El Dhammapada* del Canon Pali tenemos la más hermosa colección de sentencias conocida en la India".[11]

No son pocos los escritores y artistas de nuestro tiempo que se han sentido traspasados por la belleza y el poder de

10. *Dhammapada, el camino del dharma*, traducción del pali, introducción y notas de Carmen Dragonetti, Buenos Aires, Sudamericana, 1967, p. 16.

11. *Ibid.,* p. 17.

las palabras que animan al *Dhammapada*. Sin ir más lejos, P. Lal, uno de los contados estudiosos que ha hecho una traducción directa de este texto del pali al inglés, relata en su traducción que fue gracias al interés mostrado hacia *El Dhammapada* por Marianne Moore, la notable poeta imaginista y compañera de ruta de Ezra Pound y T. S. Eliot, y de Isaac Bashevis Singer, que se animó a intentar la difícil empresa. Y grande también es la admiración que por el *Dhammapada* tuvieron orientalistas tan connotados como Arthur Waley y George Santayana. Otro autor, Lin Yu-Tang, expresa así su sentimiento por *El Dhammapada*: "Un inmenso testimonio espiritual, una de las pocas y genuinas obras maestras de la literatura religiosa del mundo, que combina una genuina pasión espiritual con una feliz capacidad de expresión literaria".

Para justificar el título de este ensayo introductorio, "El camino de la verdad" —que es una de las posibles traducciones del *Dhammapada*— remito al lector a las palabras de Juan Mascaró, uno de los poquísimos eruditos en lengua española sobre estos temas:

En pali la palabra *dhamma* corresponde a la palabra sánscrita *dharma*, que es la primera palabra de la *Bhagavad Gita*, donde se hace mención del campo del *Dharma*, el campo de la verdad. La palabra *dhamma* es de suma importancia en el budismo y tras ella se oculta un profundo significado espiritual. *Dhamma* proviene de la raíz sánscrita DHR, que significa "sostener, permanecer", y así corresponde a "la ley, la ley moral, la ley espiritual de la rectitud, la eterna ley del universo: la verdad". *Pada*, tanto en sánscrito como en pali, significa "pie, paso" y, por lo tanto, "camino". De este modo *Dhammapada* sugiere el camino del *dham-ma*, el recto camino de la vida que trazamos al andar, con nuestras acciones, y que nos conduce a la verdad... *el Dhammapada* es el camino de la verdad.[12]

El *dhamma* o el *dharma*, siendo la ley esencial de la vida es, por extensión, la ley que gobierna el carácter esencial de una persona. Es la virtud; pero no la virtud prescrita en manuales de conducta, sino en conformidad con la naturaleza propia de cada quien.

Aun cuando *El Dhammapada* ha gozado de gran favor entre los traductores al inglés, al francés y al alemán, existen unas cuantas traducciones al español, de las cuales sólo dos —que yo conozca— se han hecho directamente del pali: la de Carmen Dragonetti y la de Juan Mascaró. La presente edición no es propiamente una traducción, pues no ha sido hecha a partir del idioma original, sino que se trata de una versión para la cual he utilizado la mayor parte de las traducciones al inglés conocidas y disponibles, y las pocas que existen en español.

Ha sido mi intención ofrecer al lector poco familiarizado con estos temas una versión fluida, directa y sencilla de esta obra maestra de Oriente, sin utilizar los términos pali o sánscritos que, en sentido estricto, son intraducibles, y sin agobiar al lector con un alud de notas y explicaciones que entorpecerían su lectura.

Sin embargo, hay que reconocer que las palabras nada pueden por sí mismas. Como dice el chino Huang Po: "¿Pueden las palabras remplazar tu vida y tu muerte?" En ésta, como en todas las obras de sabiduría, lo que en

12. *Dhammapada, camino de perfección*, traducción del pali e introducción de Juan Mascaró, México, Diana, 1976, p. 13.

· realidad importa es el espíritu que está detrás de las palabras...

Y más que las palabras... el espacio sin límites, la simplicidad, la compasión, la paz de donde brotan las palabras. El lector tiene en sus manos un libro con las enseñanzas de Buda. Lo mejor es leerlo detenidamente, poco a poco; permitir que cada frase alimente su espíritu. Le deseo al lector la pureza de cuerpo, mente y corazón para escucharlas.[13]

El lector tiene la palabra.

Estudiar el camino del Buda es estudiarse a uno mismo.
Estudiarse a uno mismo es olvidarse de uno mismo.
Olvidarse de uno mismo es actualizar la totalidad.
Así se descartan el cuerpo y la mente de todos.
Ni trazas de la iluminación: ¡Sigue adelante![14]

ALBERTO BLANCO

13. *The Dhammapada, the Sayings of the Buddha*, prefacio de Ram Dass, Nueva York, Vintage Books, 1976, p. xi.
14. *Moon in a Dewdrop, Writings of Zen Master Dogen*, editado por Kazuaki Tanahashi, San Francisco, North Point Press, 1972, p. 70.
La conferencia de Joseph Campbell a la que hago alusión se puede encontrar transcrita —en su mayor parte— en el capítulo dedicado al Zen de su libro: *Myths to Live By*, publicado por Penguin Books, dentro de su serie Arkana, Nueva York, 1993.

EL DHAMMAPADA

El camino de la verdad

I

CAMINOS PARALELOS

Somos lo que pensamos.
Todo lo que somos surge con nuestros
pensamientos.
Con nuestros pensamientos construimos el mundo.
Habla o actúa con mente impura
y los problemas te seguirán
como sigue la carreta al buey ensimismado.

Somos lo que pensamos.
Todo lo que somos surge con nuestros
pensamientos.
Con nuestros pensamientos construimos el mundo.
Habla o actúa con una mente pura
y la felicidad te seguirá
como tu misma sombra, inseparable.

"¡Abusó de mí, me golpeó!"
"¡Me maltrataron y me robaron!"

Vive con estos pensamientos y vivirás con odio.

"¡Pero abusó de mí, me golpeó!"
"¡Miren cómo me maltrataron y me robaron!"
Abandona estos pensamientos y vivirás en paz.

En este mundo, hasta la fecha,
el odio nunca ha disipado el odio.
Sólo el amor disipa el odio: ésta es la ley.

El mundo no sabe que vamos a morir.
Tú también morirás... si te das cuenta
¿cómo puedes seguir peleando?

El viento arranca fácilmente al árbol frágil:
busca la felicidad en los sentidos,
sé indulgente en la comida y el descanso,
y tú también serás desenraizado.

¡Mas el viento no puede arrancar una montaña!
La tentación no toca al hombre que está despierto,
que se domina a sí mismo, sin ansia de placer,
que es fuerte y humilde, y recuerda la ley.

Si los pensamientos de un hombre son oscuros,
si está insatisfecho y lleno de deseos,
¿cómo va a vestir la túnica amarilla?

Aquel que es un maestro de su propia naturaleza,
que es brillante, virtuoso y verdadero,
puede vestir la túnica amarilla.

Confundiendo lo falso con lo verdadero
y lo verdadero con lo falso,
dejas de atender a tu naturaleza
y te llenas de vanos deseos.

Ve lo falso como falso
y lo verdadero como verdadero.
Presta atención a lo que importa:
sigue la inclinación de tu naturaleza.

Una mente irreflexiva es un pobre techo:
la pasión, como la lluvia, inunda la casa.

Mas si el techo es fuerte, hay refugio:
no irrumpe la pasión en una mente ordenada.

Aquel que sigue los pensamientos impuros
sufre en este mundo y en el siguiente.
En ambos mundos sufre, ¡y cómo!,
al ver todo el mal que ha hecho.

Pues grande es la cosecha en este mundo
y más grande es aún en el siguiente.

Mas aquel que sigue la ley
es feliz aquí y es feliz allá.
En ambos mundos se regocija, ¡y cómo!,
al ver todo el bien que ha hecho.

Pues grande es la cosecha en este mundo
y más grande es aún en el siguiente.

No importa cuántas palabras sagradas digas,
¿qué bien te pueden hacer
si no pones en práctica lo que dices?
¿O serás como el pastor
que cuenta las ovejas del otro
sin compartir su camino?

Puedes leer tan poco como quieras,
y puedes hablar menos aún,
pero actúa conforme a la ley.
Abandona tus viejas rutinas:
el odio, la pasión, la insensatez.
Vive la verdad en paz: comparte el camino.

II

EL DESPERTAR

ESTAR despierto es un camino hacia la vida.
El tonto duerme como si estuviera muerto,
pero el maestro vela y vive para siempre.

Él observa, ve claro: ¡qué feliz es!
Porque ve que el despertar es vida,
sigue el camino de los esclarecidos.

El sabio medita con gran perseverancia,
trabaja constantemente con todo su poder,
busca la libertad y la felicidad.

Despierto reflexiona, observa.
Trabaja con cuidado y atención.
Vive en el camino de la verdad
y la gloria crecerá dentro de ti.

Con claridad y paciencia,

con disciplina y trabajo,
el maestro construye una isla
que las aguas no pueden arrasar.

El tonto es vanidoso y descuidado.
Mas el maestro vigila su atención
pues es su más grande tesoro.

No cede al deseo, medita.
Y en la fuerza de su resolución
descubre la verdadera felicidad.

Ha superado los deseos,
y desde la torre de la sabiduría
contempla desapasionadamente
a la multitud que sufre.
Desde la montaña mira
a los que viven más abajo.

Consciente entre los inconscientes,
despierto mientras los demás duermen,
veloz como un caballo muy fino
gana terreno y deja atrás a los demás.

Vigilando fue como Indra llegó al reino divino.
¡Qué maravilloso es observar atentamente!
¡Y qué despreciable es quedarse dormido!

El buscador que cuida sus pensamientos
y teme las proyecciones de su mente,
quema todas las ataduras
con el fuego de su vigilancia.

El buscador que cuida su mente
y teme su propia confusión,
no conocerá la derrota, ni la caída.
Ha encontrado el camino de la felicidad.

III

LA MENTE

Así COMO el arquero endereza su flecha
así el maestro dirige su pensamiento.

Como pez fuera del agua
que está varado en la arena,
los pensamientos se agitan...
¿Cómo liberarse de los deseos?

Tiemblan, se sacuden,
vagan a su completo antojo...
Es bueno controlar los pensamientos.
Una mente dominada conduce a la felicidad.

¡Mas qué sutiles son, qué elusivos!
Por eso tu misión es aquietarlos,
gobernarlos, y hallar en ello la felicidad.

Con la mente controlada
el maestro aplaca sus pensamientos.
Termina con su peregrinar y su fantasía.
Sentado en la caverna del corazón
ha vencido la esclavitud de la muerte.

Una mente que está desordenada
no puede comprender este camino.
El hombre que vive sin fe y sin calma
no llegará a tener jamás conocimiento.

Con los sentidos controlados,
una mente serena que no busca ya distinguir
lo que está bien de lo que está mal;
una mente más allá de los juicios,
observa y comprende: no tiene miedo.

Si sabes que tu cuerpo
es tan frágil como una vasija,
haz de tu mente una fortaleza.
Deja que el conocimiento luche por ti
para defender lo que has ganado.

Pues demasiado pronto el cuerpo se descarta
y queda sobre la tierra como un leño.
¿Qué puede saber? ¿Qué siente?

Tu peor enemigo no te puede dañar
tanto como tus propios pensamientos.

Nada ni nadie, ni tu padre ni tu madre
te pueden brindar tanta ayuda
como tu propia mente disciplinada.

IV

LAS FLORES

¿QUIÉN conquistará este mundo
y el mundo de la muerte y de los dioses?
¿Quién ha de descubrir como una flor
el espléndido camino de la ley?

¡Tú! El discípulo que busca las flores
y encuentra la más bella, la más rara.

Comprende que tu cuerpo
es apenas la espuma de una ola,
la sombra de una sombra apenas.
Rompe las floridas flechas del deseo
y escapa del reino de la muerte.

Pues la muerte sorprende al hombre
que corta flores distraídamente,
que busca en vano la felicidad
en los placeres de este mundo.

La muerte se lo lleva como la riada
que arrasa al pueblo que duerme.

La muerte avasalla al hombre
mientras recoge flores despreocupado.
En realidad nunca estuvo satisfecho
con los placeres de este mundo.

La abeja liba néctar de las flores
sin ajar su belleza o su perfume:
así vive el maestro donde vive.

Observa tus propios errores,
lo que has hecho o dejado de hacer.
No te fijes en los errores de los demás.

Como una bella flor sin perfume,
así son las hermosas palabras
de aquel que no hace lo que dice.

Como una bella flor llena de aroma
son las palabras ciertas del hombre
que sabe y hace lo que dice.

Como guirnaldas trenzadas con flores
son para tu vida las buenas acciones.
No existen límites en su variedad.

El perfume del sándalo, de la rosa y el jazmín
no puede viajar en contra del viento.
Mas la fragancia de un hombre bueno
viaja a donde quiera: está en todas partes.

La fragancia de la virtud es mucho más fina
que el sándalo y la rosa, el loto y el jazmín.

Pues el aroma del sándalo y la rosa
es delicado: no puede viajar muy lejos.
Pero la fragancia de la virtud
se eleva hasta los mismos dioses.

La tentación no se cruza en el camino
del hombre virtuoso y bien despierto:
el verdadero hombre de conocimiento.

El loto crece a la sombra del camino
sobre los desperdicios arrojados:
su dulce aroma deleita el corazón.

Así resplandece el discípulo
del verdadero y perfecto maestro
que brilla sobre la ciega multitud.

V

EL NECIO

EL NECIO

¡QUÉ LARGA es la noche del centinela!
¡Qué largo el camino del viajero cansado!
¡Qué larga la circulación de las vidas
para el necio que pierde este camino!

Si el viajero no puede encontrar
maestro o amigo que lo acompañe,
mejor es que viaje solo
y no en la compañía de un necio.

"¡Ésta es mi familia, mi fortuna!"
Así se complica la vida el necio.
¿Cómo va a ser dueño de familia y fortuna
si no es siquiera dueño de sí mismo?

El tonto que sabe que es un tonto
no tiene mucho de tonto;
mas el tonto que se cree un sabio
realmente está perdido.

¿Acaso la cuchara prueba la sopa?
Un necio puede vivir toda la vida
en la compañía de un maestro
sin comprobar jamás el camino.

Pero si has despertado ante tu maestro,
en un instante captarás este camino
como la lengua capta el sabor de la sopa.

El necio es el peor enemigo de sí mismo:
sus malas obras le producen amargos frutos.

¿Qué caso tiene hacer cosas
de las que habrás de arrepentirte luego?
No es necesario vivir con tantas lágrimas.

Haz sólo aquello que te haga bien,
que te dé felicidad y no remordimientos.
¡Cólmate de alegres recompensas!

Por un momento los errores del necio
parecen buenos y dulces como la miel,
pero al final rinden frutos amargos.

Ya puede el necio por meses ayunar,
comiendo con la punta de una hojita:
de poco le vale junto al maestro
cuyo alimento es el camino.

Porque las malas acciones,
como la leche recién ordeñada,
no se echan a perder en un momento.

Su malicia permanece latente
como el fuego en las cenizas.

Todo lo que el tonto aprende
lo vuelve menos y menos brillante.
El conocimiento le parte la cabeza.

Mas de inmediato quiere reconocimiento,
quiere tener un lugar de privilegio,
quiere premios y sitios de honor.

"Que todo el mundo sepa quién soy,
que me busquen para dar un buen consejo".
Éstos son sus vanos deseos...
Éste, su estúpido orgullo.

Un camino lleva a la riqueza y la fama,
el otro camino a la realización.
Ten esto en cuenta y busca el desapego,
no los aplausos de los demás.

VI

EL SABIO

L SABIO te dice dónde has fallado
y también dónde puedes fallar:
tesoros muy valiosos son éstos.
Sigue a un hombre así por tu bien.

Déjalo enseñar y corregir,
permite que te saque del error.
El mundo lo puede despreciar,
pero los hombres buenos lo quieren.

No busques a los malvados,
ni vivas con los inconscientes.
Ten por amigos a los mejores,
busca a los que quieren la verdad.

Bebe armoniosamente la ley,
vive sereno y feliz en el camino.
El sabio se deleita en la verdad
y sigue la ley de los elegidos.

Así como el arquero endereza sus flechas,
el campesino lleva agua por canales
y el carpintero dobla la madera,
así el sabio moldea su propia vida.

El viento no puede mover una montaña:
las maldiciones y alabanzas tampoco
pueden mover a un hombre sabio.

Después de escuchar la verdad,
es claro como un dulce lago,
sereno, profundo y tranquilo.

El hombre bueno trabaja con desapego,
es discreto y no tiene deseos.
Tristeza o alegría, sea lo que sea,
no lo toca ni lo mueve: es constante.

No pidas familia, dinero y poder
para ti ni para ningún otro,
pues un hombre bueno y sabio
no puede ascender injustamente.

Porque muy pocos llegan a cruzar el río
y muchos andan perdidos en la orilla.

Mas el sabio que sigue su camino
llega a la otra orilla, y más allá
de los difíciles dominios de la muerte.

Deja los caminos oscuros
y busca el camino de la luz.

Deja el cómodo hogar y busca
la felicidad en el duro camino.

Libre de deseos, libre de posesiones,
libre de las tinieblas del corazón,
de los apegos y los apetitos.

Sigue los siete escalones del conocimiento
con la felicidad que da el ser libre.
Con desapego el hombre sabio
se vuelve luz en este mundo,
se vuelve puro, brillante y libre.

VII

EL ASCETA

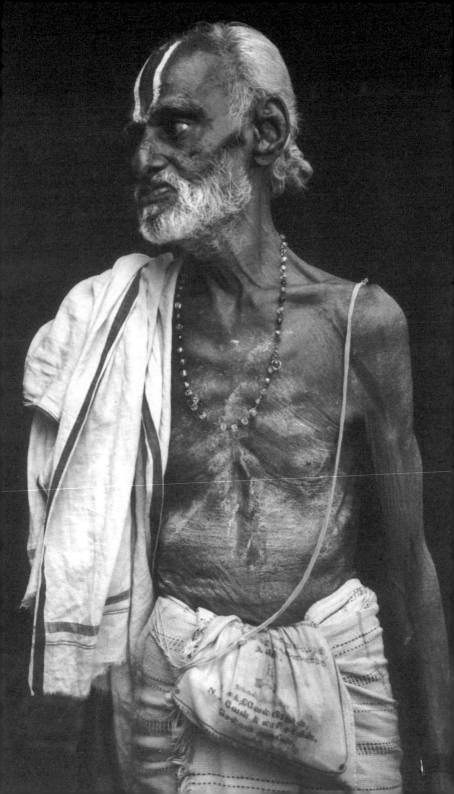

EL ASCETA

AQUELLOS que llegan al final del camino
encuentran la libertad soberana
de los deseos y las penas:
libertad sin ataduras.

Aquellos que despiertan
no descansan en un mismo lugar.
Cual cisnes se elevan del lago
y emprenden de nuevo el vuelo.

En el aire se levantan y siguen
cursos transparentes, difíciles de ver:
sin acumular, sin atesorar.
El conocimiento es su alimento
y viven de la vacuidad:
han aprendido a ser libres.

¿Quién los puede seguir?
Sólo el maestro: ¡tal es su pureza!
Como un pájaro que sigue rutas invisibles.
Sin pasiones, indiferente al placer,
su dominio es la liberación incondicional.
Vive la vacuidad: es libre.

Hasta los dioses admiran
al hombre que ha domado los potros
del orgullo personal y los sentidos.

Rinde frutos como la tierra amiga,
es claro y alegre como un lago,
firme como una columna de roca.
Libre ya de las muertes sucesivas.

Sus pensamientos reposan,
sus palabras reposan también.
Ha terminado su trabajo:
ha parado el mundo y es libre.

Ve más allá del principio y el final:
ha cortado todas las ataduras,
ha dejado atrás los deseos,
ha resistido la tentación.
Realmente es un hombre superior.

Allí donde viva:
en la ciudad o en el campo,
en el mar o en las montañas,
habrá siempre gran felicidad.

En medio del desierto,
allí donde el mundo no halla deleite,
se encuentra felizmente satisfecho
pues no tiene pasiones ni deseos.

VIII

LOS MILES

MEJOR que mil palabras huecas,
una sola palabra que brinde paz.

Mejor que mil malos versos,
un solo verso que traiga paz.

Mejor que miles de frases insulsas,
una sola frase de la ley que dé la paz.

Es mejor conquistarse a sí mismo
que vencer a mil en mil batallas.

Al vencerse a uno mismo, uno gana:
nadie puede quitarnos la victoria.

Ni los ángeles ni los demonios,
ni el cielo ni el infierno,
pueden volverla una derrota.

Mejor que cien años de ofrendas
es un momento de reverencia al hombre
que se ha conquistado a sí mismo.

Mejor que miles de sacrificios
y miles de oblaciones para ganar méritos,
mejor que guardar la llama sagrada
en el corazón del bosque por cien años.

Porque reverenciar a un hombre así,
a un viejo maestro, verdadero, impecable,
trae consigo cuatro cosas: más vida,
más belleza, más felicidad y más poder.

Mejor que cien años de juerga
es un día dedicado a la meditación.

Mejor que cien años de ignorancia
es un día de sabia reflexión.

Mejor que cien años de pereza
es un día de trabajo verdadero.

Vale más la visión del principio y el final
que cien años sin comprender lo que sucede.

Vale más ver un día de nuestra inmortalidad
que vivir cien años entre las tinieblas.

Vale más ese día que vimos el camino
que vivir toda una vida sin ver.

IX

EL MAL

HAZ DE INMEDIATO el bien,
pues cada vez que te dilatas
tu mente se deleita en el error.

Apártate pronto del mal.
No hagas del mal un hábito,
porque acumular errores
es causa de sufrimiento.

Haz el bien cuanto puedas.
Hazlo una y otra vez,
y los aciertos acumulados
te llenarán de felicidad.

El necio parece disfrutar
mientras sus faltas maduran
y se vuelven contra él.

El hombre bueno en cambio
padece los sufrimientos
hasta que sus aciertos florecen.

No tomes a la ligera tus faltas diciendo:
"es la última vez, no tiene importancia".
Como un vaso que se llena gota a gota
así se llena un necio de maldad.

No menosprecies tus virtudes diciendo:
"lejos de mí, no tiene importancia".
Pues una jarra se llena gota a gota
y así se llena el sabio de bondad.

Evita siempre las malas obras
como el rico comerciante evita
con poca guardia y gran riqueza,
los caminos peligrosos;
o como aquel que ama la vida
evita ingerir veneno.

Porque una mano sin heridas
puede tocar el veneno sin temor:
así tampoco hay mal para el bueno.

Mas el necio que hiere al inocente
arroja polvo contra el viento:
la maldad golpeará su rostro.

Hay quienes renacen en el cielo,
otros renacen en el mundo
y otros, en el infierno;
pero los sabios no renacen.

¡En ningún lugar!
Ni en el firmamento
ni en medio del mar
ni en las montañas
te puedes esconder de tus errores.

Ni en el cielo
ni en medio del mar
ni en las montañas
—¡en ningún lugar!—
te puedes esconder de tu muerte.

X

LA VIOLENCIA

Todos los seres tiemblan ante la violencia.
Todos temen la muerte, todos aman la vida.
Tú no mates ni seas causa de matanza.

Si te ves a ti mismo en los demás,
¿a quién puedes hacer daño?
¿Qué mal puedes obrar?

Aquel que busca la felicidad
haciendo daño a los demás,
no hallará nunca la felicidad.

Pues tu hermano es como tú:
también quiere ser feliz.
No le hagas daño,
y cuando dejes la vida
también hallarás la felicidad.

Habla correctamente y así te responderán.
No digas maldiciones porque regresan:
las palabras violentas hieren al que grita.

Conocimiento, calma y libertad:
cuando la mente está en silencio
como una gran campana rota.

Como pastores que llevan sus rebaños
a comer en nuevos pastizales,
así la vejez y la muerte se llevan
a las criaturas a nuevas formas de vida.

Pero el necio distraído en sus errores
enciende el fuego donde un día
él mismo se ha de quemar.

Aquel que castiga al inocente,
aquel que daña al desvalido,
diez veces se castiga a sí mismo:

Dolor, sufrimiento, enfermedad,
locura y accidentes...

Pérdida de confianza y protección,
pérdida de familia y de fortuna...

Y el rayo que incendia su casa
después de haber caído:
el necio se halla en el infierno.

Andar desnudo y rapado,
ayunar y dormir en el piso,
cubrir el cuerpo con cenizas
y pasar horas inmóvil en meditación,
de nada sirve si hay dudas:
sin pureza no existe libertad.

Mas aquel que vive limpiamente,
disciplinado, tranquilo y casto,
que no se deja llevar por la violencia,
que ha dejado de ver los errores ajenos,
ése, es un verdadero buscador.
No importa cómo vista si tiene fe.

¿Hay alguien aquí que no cometa errores?
No existe el látigo para el buen caballo.

Trata de ser como el buen caballo.
Ligero y fuerte bajo el roce del látigo:
devoción, fe, conocimiento y meditación.
Con energía y práctica despertarás a la ley
y así te librarás del sufrimiento.

Porque el campesino lleva agua a su tierra,
el buen arquero endereza sus flechas
y el carpintero trabaja la madera como quiere.
Así es como el sabio se moldea a sí mismo.

XI

LA VEJEZ

EL MUNDO está ardiendo
¿y tú te estás riendo?
Andas sumido en la oscuridad
¿y no quieres un poco de luz?

Simplemente observa tu cuerpo:
un muñeco, una sombra pintada,
un montón de enfermedades reunidas,
un compuesto débil que viene y que va.

¡Qué frágil y vulnerable es!
Se corrompe, se cae en pedazos...
Como todos los seres vivos
finalmente enferma y muere.
La vida acaba en la muerte.

Mira estos huesos blanqueados
como cañas secas en el otoño...
¿cómo puedes seguir riendo?

Eres una casa de huesos,
una casa de carne y sangre,
allí moran el orgullo y la hipocresía,
moran la decadencia y la muerte.

Las gloriosas carretas de los reyes se oxidan
y los cuerpos también se vuelven polvo,
pero el camino de la verdad no perece,
y esto dicen los buenos a los buenos.

El hombre ignorante es como un buey:
crece en tamaño mas no en sabiduría.

Vanamente busqué al constructor
por vidas y vidas sin hallarlo.
¡Qué duro es volver a nacer!
¡Qué duro es andar de vida en vida!

¡Mas por fin he visto al constructor!
He vencido los deseos: soy libre
y vigas y ladrillos no son ya necesarios.
¡No construirás esta casa nuevamente!

Como garza agonizante en el agua
de un lago que no tiene peces,
es el hombre que cuando joven
vivió sin orden y no hizo fortuna.

Más triste que un arco roto
que se deja de lado, pues no sirve,
es el hombre que se lamenta del pasado;
que vivió la juventud sin disciplina.

XII

TÚ MISMO

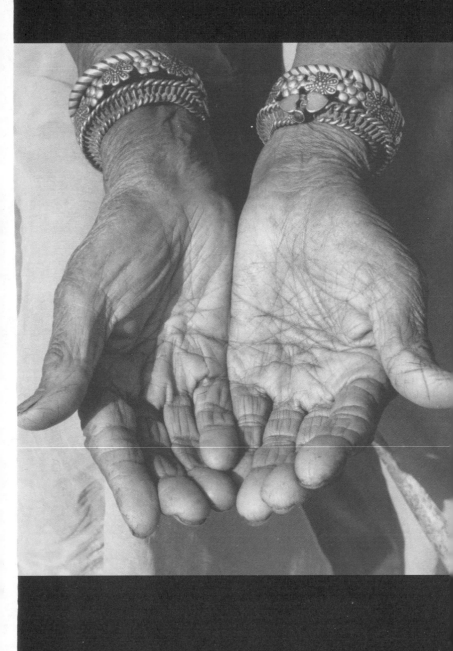

ÁMATE a ti mismo: cuida de ti mismo.
Vigila por lo menos la tercera parte de la noche.

Una vez que confirmes el camino,
enseña, y vence el sufrimiento.

Para enseñar a los demás
has de hacer primero algo muy duro:
has de enderezarte a ti mismo.

Tú eres tu propio señor.
¿Quién más en realidad?
Aunque pocos se disciplinan,
tú ríndete a ti mismo
y descubre a tu señor.

De buena gana has alimentado
tus propios males e infortunios:

muy pronto habrán de quebrarte
como el diamante quiebra la roca.

Tus propios errores te degradan más
que lo que tus peores enemigos
hubieran podido imaginar.
Son los venenosos frutos del mal.

¡Qué fácil es dejarse llevar por el error!
¡Mas qué difícil es dominarse a uno mismo!

Hay plantas que mueren al dar fruto:
así es el tonto que se burla
de las enseñanzas de los transformados.
Despreciando a los que siguen la ley
el necio peligra, pues la estupidez madura.

El dolor y el sufrimiento son tuyos.
La virtud y la pureza también lo son.
Tú eres la fuente de toda pureza e impureza.
Nadie puede purificar a ningún otro.

No trates de cambiar tu deber por el de otro,
no descuides tu trabajo por el de otro,
no importa qué tan noble pueda ser.
Estás aquí para descubrir tu propio camino
y entregarte a él en cuerpo y alma.

XIII

EL MUNDO

NO TE entregues al mundo,
a la distracción, las ilusiones.
No rompas la ley de la armonía,
no te entregues al mal.

Levántate y observa: ¡practica!
Sigue tu camino con alegría
en este mundo y en los demás.

Sigue el camino de los virtuosos,
sigue el camino alegremente
en este mundo, ¡y más allá!

Ve el mundo como es:
una burbuja de jabón, un espejismo...
Nada puede el rey de la muerte
ante esta visión.

Ven y mira este mundo,
mira esta carreta dorada,
esta trampa para necios
que no toca al sabio.

Como la luna que emerge
detrás de las nubes y brilla,
así emerge aquel hombre
que ha disipado su ignorancia.

Así surge de las nubes
aquel que se decide
a trascender el daño
haciendo el bien.

Este mundo es la tiniebla
donde pocos pueden ver.
Unos cuantos pájaros escapan
de la red y van al cielo.

Los cisnes se elevan hacia el sol,
¡qué maravilla! Así vuelan los sabios
que han vencido a la noche de la ilusión.

Si te burlas del otro mundo
y rompes la ley cada vez que quieres,
si dices mentira tras mentira,
¿qué maldades no podrás hacer?

El necio se burla de la generosidad.
El miserable no entrará al cielo.
Pero el maestro goza dando:

la felicidad es su recompensa
aquí y en el otro mundo.

Mejor que los placeres de la tierra,
mejor que llegar a los cielos,
mejor que el dominio del mundo,
es el primer paso en el camino
que conduce hacia la liberación.

XIV

EL BUDA

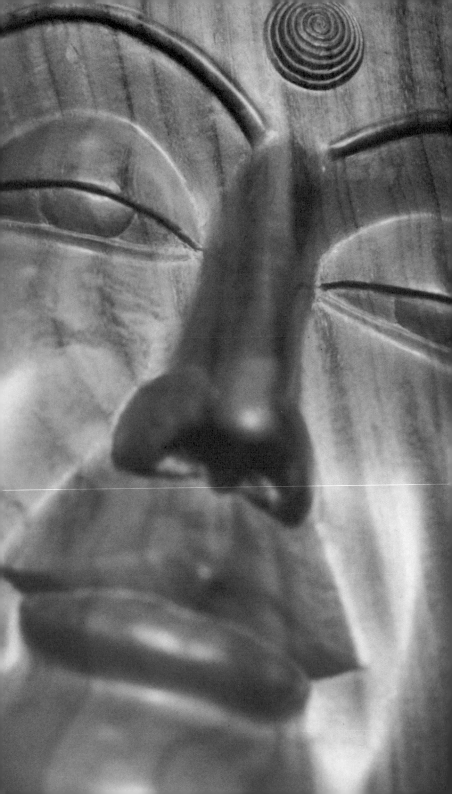

ONQUISTA y no es conquistado:
porque está despierto y sabe,
la victoria es suya.

Sus ojos se han abierto,
sus pasos son libres
y no deja huellas...
¿Quién lo podrá seguir?

El mundo nada le puede reclamar
ni lo puede apartar de su camino.
Las redes del deseo no pueden con él.
Está despierto y los dioses lo admiran.
Está despierto y halla placer
en la quietud de su meditación
y en la paz de su renunciamiento.

¡Qué difícil es nacer!
¡Qué difícil es vivir!
Pero más duro es descubrir el camino,
despertar y seguir a los iluminados.

Y, sin embargo, la enseñanza es simple:
haz lo que está bien. Sé puro.
Al final del camino está la libertad;
ten un poco de paciencia.

Paciencia con el sufrimiento,
pues nada es más alto que la iluminación.
Un monje no roba, un asceta no hace daño.

No ofendas de hecho ni de palabra.
Come y duerme con moderación.
Concéntrate en los mejores pensamientos
y vive la vida más sencilla,
tal es la enseñanza del despierto.

Ya puede ser de oro la lluvia,
que no puede apagar la sed.
El sabio lo sabe:
el placer es poco y pasajero
y al final son puras lágrimas.

Ni siquiera los placeres divinos
acaban con la pasión.
El que despierta lo sabe:
el único placer es acabar con el deseo.

El hombre que tiene miedo
busca refugio en los montes,
en los bosques sagrados, en los templos...

Pero nada es seguro,
pues allí a donde vaya
sus pasiones lo acompañan.

Sólo el que busca refugio en el camino
y viaja con aquellos que lo siguen
logra descubrir las cuatro nobles verdades:

El sufrimiento,
la causa del sufrimiento,
el fin del sufrimiento
y el óctuple camino sagrado
que acaba con el sufrimiento.

Éste es el verdadero refugio.
Sólo aquí está seguro:
ha trascendido el dolor y es libre.

Los iluminados son pocos
y es difícil encontrarlos.
Bienaventurados los hogares
donde hay uno que despierta.

Pues dichoso es el que despierta,
dichosa es la enseñanza de la ley,
dichosos los que siguen el camino
con fe, con devoción y en armonía.

Y bienaventurados los que reconocen
al hombre que ha despertado,
al maestro y sus discípulos.

Bienaventurado el que respeta
a todos aquellos que han cruzado
el río del dolor y las tribulaciones,
pues sus méritos son incontables.

XV

LA FELICIDAD

VIVAMOS en paz
en medio de los que odian,
vivamos libres de rencor.

Vivamos libres de inquietud
en medio de los afligidos,
sanos entre los enfermos.

Vivamos con felicidad
en medio de los codiciosos,
libres y sin envidia.

Vivamos felices
sin llamar a nada "nuestro",
cual seres resplandecientes
que se nutren de alegrías.

Los ganadores cosechan odio
porque los vencidos sufren.
Sólo quien ha renunciado
a la victoria y a la derrota
encuentra la felicidad.

No hay fuego mayor que la pasión,
no hay peor pérdida que el odio,
no hay peor dolor que el cuerpo
ni mayor felicidad que la paz.

No hay peor enfermedad que el odio
y el hambre es la peor aflicción.
Los elementos dispersos y condicionados
son la principal fuente de dolor.
Quien esto sabe alcanza la felicidad.

Salud, satisfacción, confianza:
no hay mejor defensa ni mayor gracia.
La liberación es la mayor felicidad.

Quien conoce la dulzura
de la soledad y la calma,
está libre de temor y apego:
bebe el néctar de la ley.

¡Qué alegría ver a los elegidos
y procurar la compañía de los sabios!
Lejos de los necios se puede vivir feliz.

¡Qué placer es tratar con los sabios
como si fueran parientes o amigos!

Pero qué largo es el camino del hombre
que viaja en compañía de un necio:
es peor que vivir con un enemigo.

Sigue a los que han despertado,
a los buscadores del camino,
a los transformados, ¡síguelos!,
como sigue la luna el camino de las estrellas.

XVI

EL PLACER

No dejes que el placer te distraiga
del camino, de la meditación.

Libérate del placer y del dolor.
Sólo hay penas en el placer logrado
y dolor en lo que no se quiere.

Perder lo que uno quiere
es causa de dolor; por eso,
cuida bien los sentidos.
Sólo es libre aquel que ve más allá
de la ganancia y de la pérdida.

Del apego y del cariño brota el dolor.

Del deseo y del placer surge el miedo.

No existe dolor
para el que está libre del cariño y el apego.

Menos aún existe el miedo
para el que está libre del deseo y el placer.

Aquel que deja de querer,
gustar, desear, codiciar, envidiar,
está libre del dolor y del miedo.

Aquel que es puro y ve,
aquel que dice la verdad y la vive,
ése cumple con su propia labor.
Por eso es amado y admirado.

Con la mente decidida
y un corazón libre de deseos,
va en busca de la libertad.
Por eso se le llama:
"el que va a contracorriente".

Con cuánta alegría reciben
la familia y los amigos
al viajero que vuelve con bien
después de un largo viaje...

Así tus buenas obras te recibirán
como amigos, ¡y con qué alegría!,
cuando pases de esta vida a la otra.

XVII

LA IRA

ABANDONA la ira.
Abandona el orgullo.
Cuando no tienes apego
por lo que tiene nombre y forma
estás más allá del sufrimiento.

La ira es una carreta sin control.
Aquel que controla su ira naciente
es en verdad un buen conductor.
Los demás sólo agarran las riendas.

Con bondad vence al mal.
Con gentileza vence a la ira.
Con generosidad vence al odio.
Con la verdad, a la mentira.

Habla con la verdad,
da todo lo que puedas
y... ¡no te enojes!

Estos tres pasos te llevarán
a la presencia de los dioses.

Los sabios no hacen daño,
son maestros de su cuerpo
y han roto las ataduras:
están más allá del dolor.

Aquellos que buscan la perfección
vigilan de noche y de día,
hasta que los deseos se desvanecen.

Escucha, esto no es nuevo,
es tan sólo un viejo refrán:
"Te critican si estás en silencio,
te critican si hablas mucho,
te critican si hablas poco".
De todas maneras te critican.

El mundo siempre halla manera
de alabarte y maldecirte.
Siempre ha sido así.
Siempre será.

¿Pero quién se atreve a maldecir
al hombre que los sabios respetan,
aquel cuya vida es virtuosa y buena?
¿Quién maldice una moneda de oro
que se ha encontrado en el río?

Concentrado en el conocimiento
hasta los dioses lo admiran.
Hasta Brahma lo alaba.

Cuídate de las iras del cuerpo.
Domínalo, sé su maestro,
deja que sirva a la verdad.

Cuídate de las palabras iracundas.
Domina todas tus palabras,
deja que sirvan a la verdad.

Cuídate de las iras de la mente.
Domina tus pensamientos,
deja que sirvan a la verdad.

Sabios son aquellos que dominan
el cuerpo, la palabra y la mente.
Estos son los verdaderos maestros.

XVIII

LAS IMPUREZAS

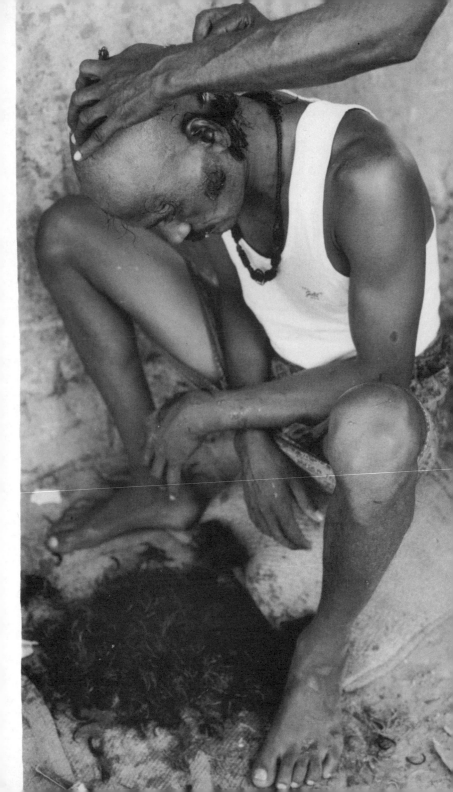

ERES COMO una hoja seca, amarilla,
que espera a los mensajeros de la muerte.
Vas a tener que viajar muy lejos...
¿Llevas provisiones? ¿Estás bien preparado?

Construye una isla para ti mismo.
¡Apresúrate! ¡Lucha!
Limpio de impurezas y sin deseos,
habrás roto ya todos los límites.

Tu vida se disipa.
La muerte siempre está cerca.
No te has preparado para el viaje
¡y no hay descanso en el camino!
¿Qué te podrás llevar?

Construye una isla para ti mismo.
¡Apresúrate! ¡Lucha!

Limpio ya de impurezas
no volverás a nacer
ni volverás a morir.

Como el joyero pule la plata,
así el sabio va limpiándose
poco a poco a sí mismo,
lenta y armoniosamente.

De otra forma los errores te consumen
como la oxidación consume al hierro.

Una casa sin mantenimiento se destruye:
sin uso, los versos sagrados se oxidan,
pues la belleza sin cuidado desaparece
y el vigilante sin vigía se queda dormido.

En este mundo y en el siguiente
impuras son las malas obras:
la mujer que no tiene dignidad
y el hombre que no es generoso.

Pero nada hay más despreciable
que la ignorancia: la suprema impureza.
¡Déjala de lado! Sé puro.

La vida es fácil
para el hombre sin vergüenza,
para el hablador, para el impúdico,
para el descarado, el insolente y el vicioso.

Pero la vida es dura
para el hombre que humildemente
busca la totalidad, con pureza,
con desprendimiento y con vigor.

Si matas o robas,
si bebes o mientes,
cavas tu tumba en este mundo.

Si no te dominas a ti mismo
el mal que haces te traerá larga miseria.

Recuerda esto:
la mala conducta no tiene freno.
No te entregues al sufrimiento.

Alguna gente da de buena fe,
otros dan de buena voluntad.
Olvida cómo dan los demás
para evitar que la envidia
te oprima incesantemente.

El que desarraiga la envidia
goza de paz día y noche:
puede concentrarse en la meditación.

No hay fuego más intenso que la pasión.
No hay peor cadena que el odio
ni peor error que la red de la ilusión:
el deseo es un río que se precipita.

¡Qué fácil es ver las faltas de los demás,
pero qué difícil es ver las propias!
Exhibes las faltas ajenas
como quien halla un pelo en la sopa,
y escondes en cambio las tuyas
como quien hace trampa en el juego.

¿Cómo vas a destruir tus pasiones
si te excitas con las pasiones de los demás?
¿Si siempre encuentras razón para criticar?
Te encuentras muy lejos de la realización.

No hay camino en el cielo
ni hay dónde buscar refugio:
casi todos gozan con los obstáculos
de su desarrollo espiritual...
Pero los que han despertado
vencieron a la vanidad del mundo.

No hay camino en el cielo
pues el camino está en el corazón:
sólo los Budas son libres.
Todo cambia, las criaturas no son eternas
mas los que han despertado ya
lo han hecho para siempre.

XIX

EL JUSTO

SI FUERZAS tu paso o lo aceleras
te sales del camino de la ley.
Nada se logra por medio de la violencia.

Considera con calma y con inteligencia
lo que es bueno y lo que es malo.
Recibe todas las opiniones por igual,
sin rencor: observa la ley.

¿Quién es el sabio?
¿El que habla mucho o el hombre callado?
Mantente sereno y en silencio:
ama y no tengas miedo.

Pues la mente habla mucho,
pero el cuerpo sabe.

Las canas no hacen al maestro,
pues un hombre puede envejecer en vano.

El auténtico maestro vive la verdad
lleno de bondad y de moderación,
de no violencia, rectitud y pureza.

Las bellas palabras
y las bellas apariencias
no hacen a un maestro.

Hay que acabar con la envidia,
con el egoísmo y con la mentira
para llegar a descubrir la belleza,
para ser un hombre de conocimiento.

Cierto, un hombre se puede afeitar,
pero si está diciendo mentiras
y no cumple con su trabajo...
si está sujeto por el deseo,
¿cómo puede seguir el camino?

No es un verdadero buscador
sólo porque pide limosna,
sino porque sigue el camino de la ley.

El verdadero buscador
es el que vence su violencia,
el que ha desechado las malas acciones
y ha convertido su agresividad en paz.

No está sujeto a nada.
Tampoco sujeta a nadie:
más allá del bien y del mal,
más allá del cuerpo y de la mente.

No todos los hombres silenciosos
son verdaderos maestros.

Sólo aquellos que reflexionan en silencio,
que sopesan lo bueno en la balanza,
que ven la naturaleza de los dos mundos,
pueden llamarse verdaderos maestros.

No es grande el que quita la vida,
sino aquel que a nadie hace daño.

Sin embargo, la buena conducta
no es garantía de ir en el camino;
ni el ritual, ni los libros leídos,
ni la concentración del aislamiento.

Nada de esto confiere la alegría
de la libertad desconocida por la gente.
¡Oh buscador, no te sientas satisfecho!
No has logrado la victoria todavía:
tienes que liberarte de todos los deseos.

XX

EL CAMINO

EL MEJOR de los caminos
es el óctuple sendero.
Lo mejor son las cuatro verdades.
La virtud brota del desapego
y el maestro tiene los ojos abiertos.

Éste es el camino, el único
que lleva a purificar la mente.
¡Síguelo! Termina con la confusión.

Síguelo hasta el fin del sufrimiento.
Cuando el Buda acabó con la desgracia
mostró las raíces del dolor.

Eres tú quien ha de hacer el esfuerzo;
los maestros sólo señalan el camino.
Si meditas y sigues la ley
te librarás del yugo del deseo.

"Todo lo condicionado pasa."
Cuando entiendas esto
vencerás el dolor.
Éste es el camino
que conduce a la luz.

"Todo es sufrimiento."
Cuando lo comprendas
vencerás el dolor.
Éste es el camino hacia la luz.

"Todo es ilusión."
Comprende y ve más allá.
Éste es el camino de la luz.

Eres fuerte y eres joven:
es tiempo de levantarse.
Quien de joven se entrega a la pereza
pierde el camino para siempre.

Domina tus palabras.
Domina tus pensamientos.
No dejes que tu cuerpo haga daño.
Sigue estas tres indicaciones fielmente
y avanzarás en el camino de los sabios.

La meditación conduce a la luz.
La dispersión conduce a la oscuridad.
Escoge y acrecienta tu sabiduría.

Arrasa el bosque de los deseos
y no tan sólo un árbol,
pues en el bosque está el peligro.

Si acabas con toda la maleza
te librarás de los deseos.

Si un hombre desea poseer a una mujer
su mente está amarrada
como el becerro a la vaca.

Aparta el amor de ti mismo
como se aparta un loto marchito,
pues los que han despertado
te señalan el camino de la paz.
Sigue tu propio camino.

"Aquí viviré en el verano
y aquí viviré en el invierno."
Así hace planes el insensato
que se ha olvidado de la muerte.

Pues la muerte arrasa al hombre
que satisfecho y distraído por el mundo
sólo se ocupa de sus hijos y sus bienes.
La muerte se lo lleva como el torrente
se lleva al pueblo que duerme.

Nadie lo puede salvar de la muerte.
Ni sus amigos, ni sus padres, ni sus hijos.

Comprende lo que esto significa:
¡Busca la sabiduría sin perder más tiempo!
Aclara tu camino hacia la liberación.

XXI

LA VIGILIA

UNA COSA es el placer
y otra cosa es el éxtasis.
Desecha el primero por pequeño
y busca la grandeza del segundo.

Si construyes tu felicidad
sobre la infelicidad de otros,
estarás atado por ello para siempre.

Si no haces lo que debes
y haces lo que no debes,
petulante y lleno de orgullo
crecerá tu ardiente deseo.

Pero el maestro está atento.
Cuida su cuerpo con pureza
y en todas sus acciones hay poder:
hace sólo lo que debe ser hecho.

Está libre de culpa,
así hubiese matado a sus padres,
a los reyes, al reino y sus ministros.

Así fueran los reyes sagrados
y sus súbditos gente virtuosa,
sigue su camino sin inmutarse.

Los discípulos de Buda
están siempre despiertos,
y vigilan día y noche
meditando en su maestro.

Despiertos para siempre
con la mente en el camino de la ley.

Despiertos para siempre
recuerdan la santa hermandad.

Despiertos para siempre
recuerdan los misterios de su cuerpo

Despiertos para siempre
encuentran la felicidad en todos los seres.

Despiertos para siempre
se deleitan en la meditación.

Es duro vivir en el mundo
y es duro vivir fuera de él.
Es doloroso saberse uno entre tantos.

Y para el que transmigra…
¡qué largo es el camino!
Que busque reposo y no sufra más.

Un hombre bueno,
un hombre de fe, honrado,
es bienvenido en todas partes.

Los hombres buenos
resplandecen a lo lejos
como los blancos Himalayas.
Mas los malvados se esconden
como flechas en la noche.

Calma. Soledad. Trabajo.
Vive feliz contigo mismo,
fuerte, libre de sufrimientos
al margen del bosque del deseo.

XXII

LA OSCURIDAD

UN HOMBRE niega la verdad.
Otro no es responsable de sus actos.
Ambos andan en la oscuridad
y sufren, en este mundo y en el que sigue.

Pueden vestir la túnica amarilla
pero si no se han purificado,
también andan en la oscuridad.

La maldad los persigue.
Más les valiera comer hierro fundido
que comer en la mesa de los buenos.

Si deseas a la mujer de otro hombre
andas buscando muchos problemas:
no puedes dormir tranquilo,
recibes acusaciones, sufres
y te entregas a la oscuridad.

Si vas contra la ley
andas en la oscuridad.
El placer fugaz se vuelve miedo
pues los castigos son severos.

Como esas hierbas que hieren la mano
del que no sabe tomarlas,
la renunciación puede lastimar
a quien no la sabe manejar.

Pues la renunciación no vale nada
si la vida no es realmente pura,
si se rompen las promesas.
Así no se obtienen buenos frutos.

Haz lo que tienes que hacer,
con ánimo resuelto, con todo el corazón.
El viajero débil que tiene dudas
sólo levanta polvo en el camino.

Es mejor no hacer nada
que hacer lo que está mal.
Recuerda que todo lo que haces
lo haces en ti mismo.
No hagas cosas que después
sean causa de arrepentimiento.

Como se custodia un pueblo fronterizo
guárdate bien a ti mismo,
por dentro y por fuera.
No dejes de vigilar ni un momento
si no quieres que la oscuridad te venza.

Avergüénzate sólo
de lo que es digno de vergüenza.

Teme sólo aquello que debe ser temido.
Lo demás no debe darte miedo ni vergüenza.
Ve la maldad sólo en la maldad.

Si no tienes criterio
confundes el buen camino
y vas en pos de la oscuridad.

Ve las cosas como son.
Ve lo que es y lo que no es.
Sigue el buen camino: ¡anda!

XXIII

EL ELEFANTE

SOPORTA las palabras duras
como soporta el elefante
las flechas en la batalla;
muchos hablan inconscientemente.

Un elefante amaestrado entra al combate.
Un elefante domesticado conduce al rey.
El hombre que es su propio maestro
puede soportar palabras duras en paz.

Mejor que las mejores mulas,
mejor que caballos de pura sangre
o que poderosos elefantes en la guerra,
es el hombre que se domina a sí mismo.

Pues no es en los lomos de las bestias
que has de llegar a la región desconocida:
sólo mediante tu propia disciplina.

El gran elefante Dhanapalaka
es salvaje cuando anda en celo,
y no quiere comer en cautiverio
pues añora los bosques ancestrales.

El necio es flojo:
come y se echa a dormir
como un cerdo en la piara.
Por eso tiene que vivir otra vez.

"Mi propia mente gustaba de vagar,
de seguir el placer y la concupiscencia;
mas ahora está domesticada y yo la guío
como el jinete guía al elefante salvaje."

Despierta: sé testigo de tus pensamientos.
Así como el elefante logra salir
del lodazal en que se ha metido,
¡levántate a ti mismo!

Si el viajero puede hallar
virtuosa y sabia compañía
para el viaje de la vida,
que lo haga, alegremente,
y supere todos los peligros.

Pero si no puede hallar un maestro,
un amigo prudente que lo acompañe,
mucho mejor es viajar solo
como el rey que abandona el reino,
o el elefante solitario en el bosque.

Es mucho mejor viajar solo
que en compañía de un tonto.
No lleves contigo tus errores,
deja de lado las preocupaciones:
viaja sólo contigo mismo
como un elefante en el bosque.

Es bueno tener amigos cuando se
necesitan
y compartir de cualquier modo la felicidad.
Es bueno haber hecho algo de mérito
en esta vida, antes de partir,
y dejar atrás el sufrimiento.

Ser padre o ser madre es grato,
y es bueno respetar a los padres,
como dulce es vivir en soledad
y dominarse a sí mismo.

¡Qué dulce es el goce de la vida
cuando ésta es larga y es pura!
Cuando es firme la fe y hay bondad:
dulce es la sabiduría.
Dulce la liberación.

XXIV

LOS DESEOS

S I TE quedas dormido
los deseos se multiplican
como enredaderas en la selva.
Vas de un árbol a otro,
vas de una vida a otra
buscando el fruto sin paz.

Cada vez que te llenas de deseos
tus sufrimientos se multiplican
como una espesa enredadera.

Pero si subyugas tus deseos,
las penas se irán resbalando
como gotas de rocío que caen
de la tersa flor de loto.

Éste es un buen consejo para todos:
corta tus deseos como se corta la hierba
desde la misma raíz fragante.
De otra forma la muerte
habrá de golpearte una y otra vez
como el río golpea los juncos.

Pues si las raíces están firmes
un árbol caído se levanta de nuevo.
Si los deseos no se desarraigan
las penas vuelven a aparecer.

Treinta y seis corrientes fluyen hacia ti:
deseos, placer, concupiscencia...
Juega con ellas en tu imaginación
y te arrastrará su apasionado oleaje.

¡Poderosas corrientes
que fluyen dondequiera!
¡Enredadera de los deseos!
Si la ves retoñar, ten cuidado:
córtala de raíz con la sabiduría.

Los placeres fluyen por doquier.
El hombre que se deja llevar por ellos
es arrastrado de una vida a otra.

Así corres como liebre perseguida,
acosado por tus propios deseos...
Agobiado de una vida a otra.

¡Oh buscador, deja de sufrir!
Abandona de una vez los deseos
y libérate de tus propias cadenas.

Has salido de la oscuridad a la luz,
¿para qué volver a la oscuridad?
Si eres libre, ¿por qué volver a la cárcel?

No es el hierro el que te encadena,
no son cuerdas ni son candados,
sino el deseo que tienes de riquezas,
la pasión por tu mujer y por tus hijos.

Parecen lazos suaves,
¡pero cómo te inmovilizan!
¿Los podrás romper? Hay quien puede.
Hay algunos que renuncian al mundo,
que hacen a un lado los deseos
y se lanzan de lleno al camino.

¡Oh esclavo del deseo!
Te dejas llevar por la corriente…
Así como la araña teje su mortaja,
así se encuentra el hombre
sujeto por sus propios deseos.
Renuncia a tus sufrimientos,
deja el mundo y sigue el camino.

Abandona el pasado.
Abandona el futuro.

Abandona el presente.
Cruza por fin a la otra orilla,
más allá del nacimiento y de la muerte.

El deseo crece en el hombre inquieto
por sus pasiones y su ansia de placer:
si tus antojos se vuelven necesidades
estás labrando tus propias cadenas.

Medita, calma tu mente, reflexiona:
nada en realidad te tiene atado.
¡Puedes romper las cadenas de la muerte!

El que es valiente y fuerte
y puede llegar hasta el final
libre de pasiones y deseos,
ha limpiado la vara de espinas:
éste es su último cuerpo.

Aquel que está libre de deseos
conoce el significado de las palabras:
sabe lo que viene primero
y sabe lo que viene después.
Es un sabio, un santo,
y éste es su último cuerpo.

"La victoria es mía,
me he vencido a mí mismo.
He renunciado a mis deseos
y con toda pureza sigo

el camino del conocimiento.
Soy mi propio maestro."

No hay regalo más grande que la verdad,
y no hay un vino más dulce
ni mayor felicidad que haberse liberado
de las amarguras del deseo.

El necio es su peor enemigo.
Buscando la riqueza se destruye
y destruye de paso a los demás.
Busca mejor la otra orilla.

La maleza es el veneno de los campos
y la ignorancia es el veneno del hombre.

La cizaña destruye los campos
y la pasión destruye al hombre.

Honra a aquellos que viven sin desear,
sin odio, sin pasión, sin ilusiones.

Honra a aquellos que viven sin error
y recibirás a cambio mucho más.

XXV

EL BUSCADOR

E S BUENO controlar los sentidos.
Controla lo que ves y lo que escuchas,
lo que hueles y lo que gustas.

Controla tu cuerpo, tus palabras
y tus acciones, y serás libre.

Un sereno y verdadero buscador
controla sus manos y sus pies,
se deleita con su maestría
y está contento consigo mismo.

Qué dulces son las palabras
del buscador que no se exalta,
que controla su lengua
y habla con sabiduría.

Sigue el camino de la verdad,
medita en él, reflexiona.
Deléitate en él, ¡vívelo!
El verdadero camino te sostiene.

Recibe humildemente lo que viene hacia ti.
No envidies lo que se concede a los otros
porque vas a perder la concentración.

Da gracias siempre por lo que tienes,
sea mucho o poco, con pureza.
¡Acepta lo que viene hacia ti!

Un verdadero buscador no se identifica
ni con el nombre ni con la forma.
No se lamenta por lo que no tiene
ni por lo que pudo haber sido.

El que tiene fe en el camino
vive tranquilo y alegremente,
encuentra el lugar sagrado: el centro.

¡Aligera tu bote, buscador!
Entre más vacío, más rápido el viaje.
Abandona tus odios y tus pasiones,
que con menos carga se navega mejor.

Corta las cinco ataduras:
el egoísmo, la duda, la pasión,
la falsa espiritualidad y el odio.
Aquel que ha roto las cinco cadenas
es llamado: "El que cruzó el torrente".

No hay tiempo que perder,
medita y olvida los placeres sensoriales,
o serás como aquel que traga fuego
por su propia voluntad
y grita luego: "¡Cómo sufro!"

¿Cómo se puede meditar sin sabiduría?
¿Cómo se puede ser sabio sin meditación?
Con meditación y conocimiento
un hombre se puede liberar.

El buscador que ha serenado su mente
y entra en la casa vacía del corazón,
siente un goce más que humano
al contemplar la claridad del camino.

Comprende la muerte y el nacimiento corporal:
¡alégrate con las delicias del conocimiento!

Éste es el comienzo de una vida:
control de los sentidos y paciencia.

Ten nobles amigos en este camino,
cuya vida sea pura y productiva.

Que tu vida esté plena de amor,
que cumplas tu trabajo puntualmente
para que la felicidad venza al sufrimiento.

Despréndete de la pasión y del rencor
como el jazmín se desprende
de sus flores marchitas, buscador.

Pues el buscador que está quieto
ha sosegado su cuerpo y su mente:
guarda silencio y no palabras.
Con su concentración ha rechazado
las seducciones del mundo.

Asciende por ti mismo,
perfecciónate por ti mismo:
vigila con constancia
y vivirás con felicidad.

Eres tu propio maestro,
eres tu propio refugio:
así como se doma un potro fino,
domínate a ti mismo, buscador.

Lleno de paz y de alegría el buscador
se acerca al corazón de la quietud,
siguiendo el camino de la verdad,
pues ha parado el flujo del mundo.

Por más joven que seas, buscador,
siguiendo las enseñanzas del Buda
brillarás sobre este mundo
como la luna sobre las nubes.

XXVI

EL VERDADERO MAESTRO

CRUZA la corriente,
esfuérzate por desechar los deseos.
Sabes que todo lo condicionado
es perecedero: trata de comprender.

El maestro que ha llegado a la otra orilla
con dominio de sí mismo y concentración,
ha disuelto todas las ataduras
y ve el mundo con claridad.

Para el verdadero maestro
no hay esta orilla ni la otra orilla.
No tiene rutinas y vive sin miedo.

El verdadero maestro medita,
vive con sencillez y sin pasiones.
Ejecuta su trabajo con maestría.
El sol resplandece durante el día,
la luna resplandece por la noche:
el soldado brilla en su armadura
y el maestro en la meditación.

Mas el Buda brilla día y noche
vigilando sin distracción alguna.

El verdadero maestro ha superado el mal.
Como real asceta está sereno en cuerpo y alma.
Como auténtico santo ha dejado atrás sus
impurezas.

El verdadero maestro no se ofende,
no paga el mal con mal.
¡Ay de aquel que agrede a un maestro!
¡Y ay del maestro que odia a su agresor!

En verdad aprovecha resistir los placeres:
si desaparecen los deseos de injuriar
cesará por completo todo dolor.

El verdadero maestro no ofende con el cuerpo,
ni con la palabra, ni con el pensamiento,
pues tiene control sobre los tres.

Honra al hombre liberado,
al que ha comprendido el camino de la verdad
como él honra el fuego del sacrificio.

Ni el cabello trenzado ni la familia
hacen de un hombre un verdadero maestro.
Sólo la verdad y la rectitud vividas
con las que ha sido bendecido.

De nada sirve el cabello trenzado al necio,
ni las vestiduras de piel de antílope;
de nada sirve limpiar el exterior
si el interior está negro de coraje.

Hay un hombre vestido con andrajos,
con los huesos salidos y el rostro pálido
meditando a solas en el bosque:
ése es un verdadero maestro.

Nadie está liberado a causa de su origen
ni a causa de sus padres o posesiones.
Sólo el que se encuentra libre de deseos
es digno de ser llamado maestro.

No tiene miedo, no tiembla nunca,
ha roto todas sus rutinas:
¡es absolutamente libre!

Se ha liberado de las cadenas,
de las cuerdas y las ataduras;
ha salido de la niebla del sueño
y está completamente despierto.

El verdadero maestro soporta la burla,
soporta el insulto y hasta la prisión
a pesar de no haber cometido falta alguna.
Su fuerza es su paciencia: todo un ejército.

Cumple sus promesas y nunca está enojado;
es puro y se decide: éste es su último cuerpo.

Como una gota de agua en la flor del loto,
como un grano de mostaza en la punta del alfiler,
así el verdadero maestro no tiene apego al placer.

Se ha liberado en este mundo,
se ha despojado de su carga de dolor.

Su sabiduría es profunda; su inteligencia también.
Conoce el camino recto y el desviado:
ha realizado la verdad en esta vida.

Se mantiene lejos de los que tienen casa
y lejos también de los que no la tienen.
No vive ni visita casa alguna,
y sus necesidades son bien pocas.

No daña a los animales, grandes o pequeños;
no mata ni es causa de matanza.

Ama entre los que odian,
vive en paz entre los violentos
y con desapego entre los ambiciosos.

El odio, la pasión, el orgullo y la hipocresía
han caído como cae un grano de mostaza
de la punta de un alfiler.

Habla con la verdad sin ofender a nadie:
sus palabras son claras e instructivas.

No toma lo que no se le concede,
bueno o malo, grande o pequeño.

Ya no quiere nada de este mundo ni de otros:
no tiene deseos y por eso es libre.

Sin deseos, sin dudas,
más allá de los juicios y el arrepentimiento.

Más allá del bien y del mal,
está libre del dolor y la impureza.

Es claro y sereno, brillante y quieto
como la luna que no tiene manchas.

El verdadero maestro ha cruzado
el cenagoso mundo de la ilusión.

Ha llegado a la otra orilla: medita,
persevera, está libre de dudas y es feliz.

Ha dejado atrás los placeres sensoriales:
vaga sin rumbo, sin casa y sin deseos.

No está atado al mundo de los hombres
ni está atado al mundo de los dioses.

Ha dejado atrás los placeres y los dolores,
la semilla de los mundos que perecen:
Es el héroe que ha conquistado el universo.

Sabe que las cosas mueren y vuelven a nacer,
y sabe también que su labor ha terminado
pues ha despertado para siempre.

El verdadero maestro no deja huella:
nadie en realidad conoce su camino
en virtud de su absoluta pureza.

Para él no hay pasado, presente ni futuro.
No teniendo nada, a nada está sujeto.
Es pobre y libre del amor del mundo.

Él es el verdadero maestro.
Lleno de poder, noble, sabio y puro.
El vencedor de la muerte,
el que ha despertado y vive sin temor.

El verdadero maestro
ha llegado al final del camino
conociendo sus muchas vidas y muertes.

Ha visto el cielo y el infierno.
Es un hombre de conocimiento impecable.
Todo lo que tenía que hacer está hecho.
El verdadero maestro es uno.

ÍNDICE

El camino de la verdad   7

    I. Caminos paralelos 25
   II. El despertar 31
  III. La mente 37
  IV. Las flores 41
   V. El necio 47
  VI. El sabio 53
 VII. El asceta 59
VIII. Los miles 65
  IX. El mal 69
   X. La violencia 75
  XI. La vejez 81
 XII. Tú mismo 85
XIII. El mundo 89
XIV. El Buda 95
 XV. La felicidad 101
XVI. El placer 107
XVII. La ira 111
XVIII. Las impurezas 117
XIX. El justo 123
 XX. El camino 129
XXI. La vigilia 135
XXII. La oscuridad 141
XXIII. El elefante 147
XXIV. Los deseos 153
XXV. El buscador 161
XXVI. El verdadero maestro 167

LECTURAS COMPLEMENTARIAS

Edward Conze, *El budismo. Su esencia y su desarrollo,* México, FCE, 1978.

D. T. Suzuki, *Budismo Zen y psicoanálisis,* Argentina, FCE, 1992.

El Dhammapada. El camino de la verdad, versión de Alberto Blanco,
se terminó de imprimir y encuadernar en octubre de 2013
en Impresora y Encuadernadora Progreso, S. A. de C. V. (IEPSA),
calzada San Lorenzo, 244; 09830 México, D. F.
El tiraje fue de 1 200 ejemplares.